I0840563
This book belong to

A is for

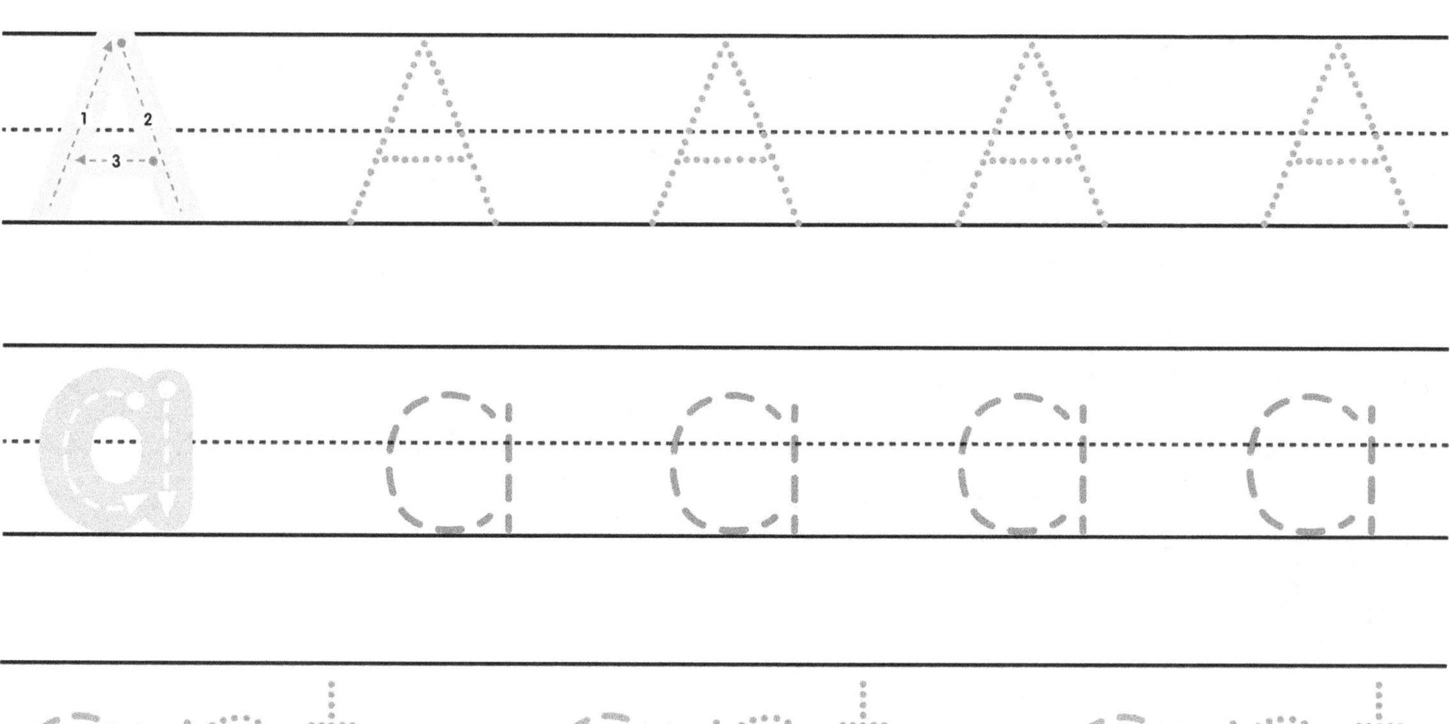

ant ant ant

ant ant ant

ant ant ant

ant

B is for

bird

1

bird   bird

bird   bird

bird   bird

bird

C is for

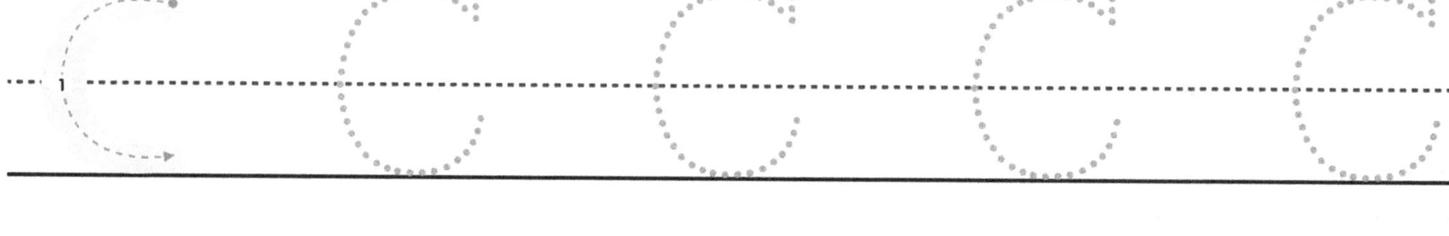

cat

cat   cat   cat

cat   cat   cat

cat   cat   cat

cat

D is for

Dog

dog dog dog

dog dog dog

dog dog dog

dog

E is for

2
1 3
4

elephant
elephant
elephant

F is for

Frog

2

1   3

frog   frog

frog   frog

frog   frog

G is for

Giraffe

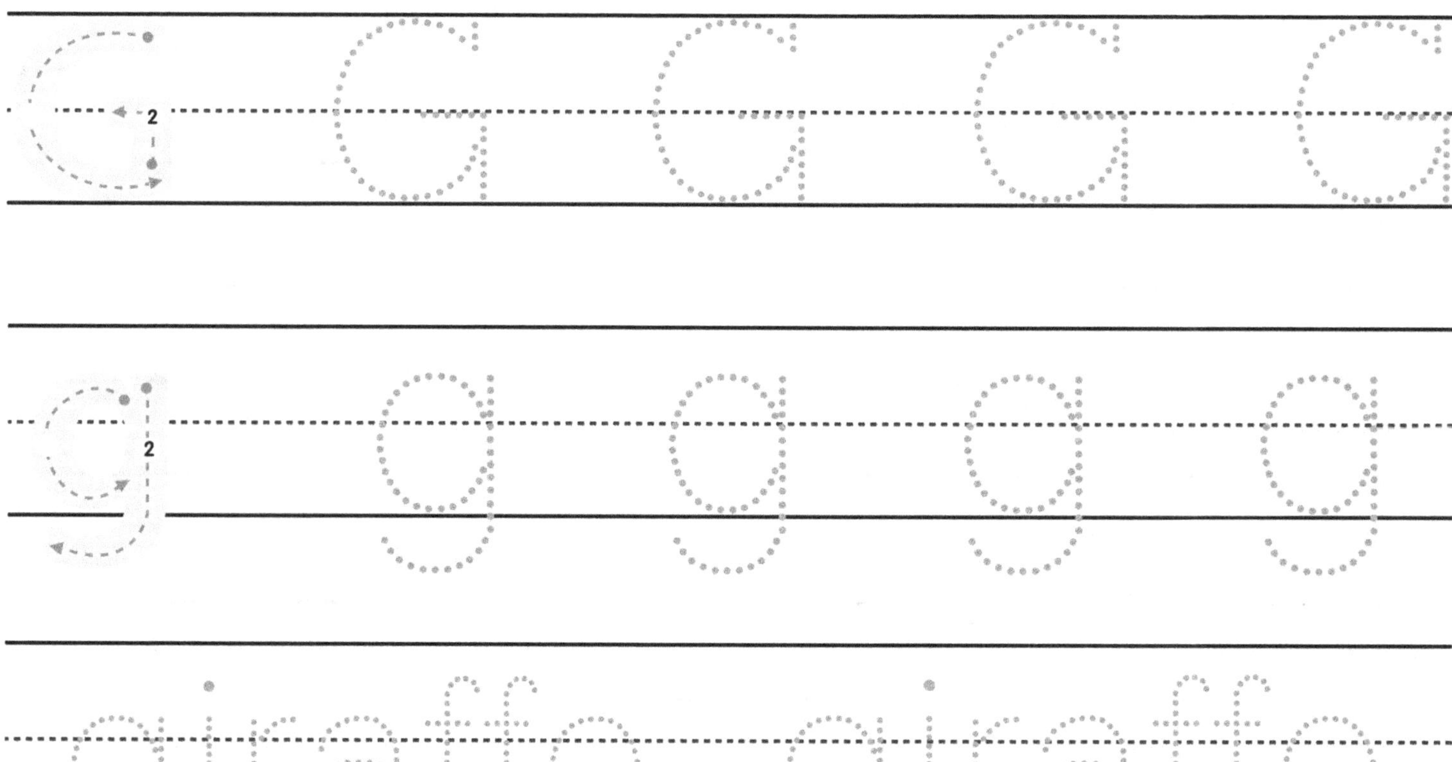

giraffe giraffe

giraffe giraffe

giraffe giraffe

H is for

Hippo

1 2
3

hippo hippo

hippo hippo

hippo hippo

I is for

Insect

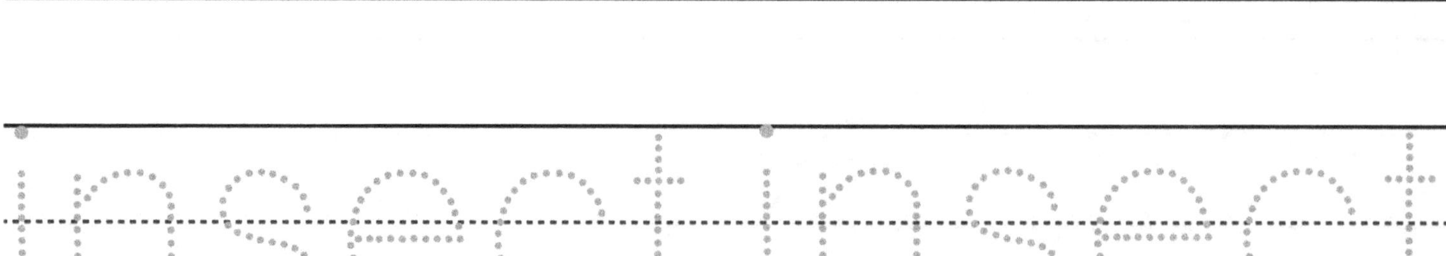

insect insect

insect insect

insect insect

J is for

Jnsect

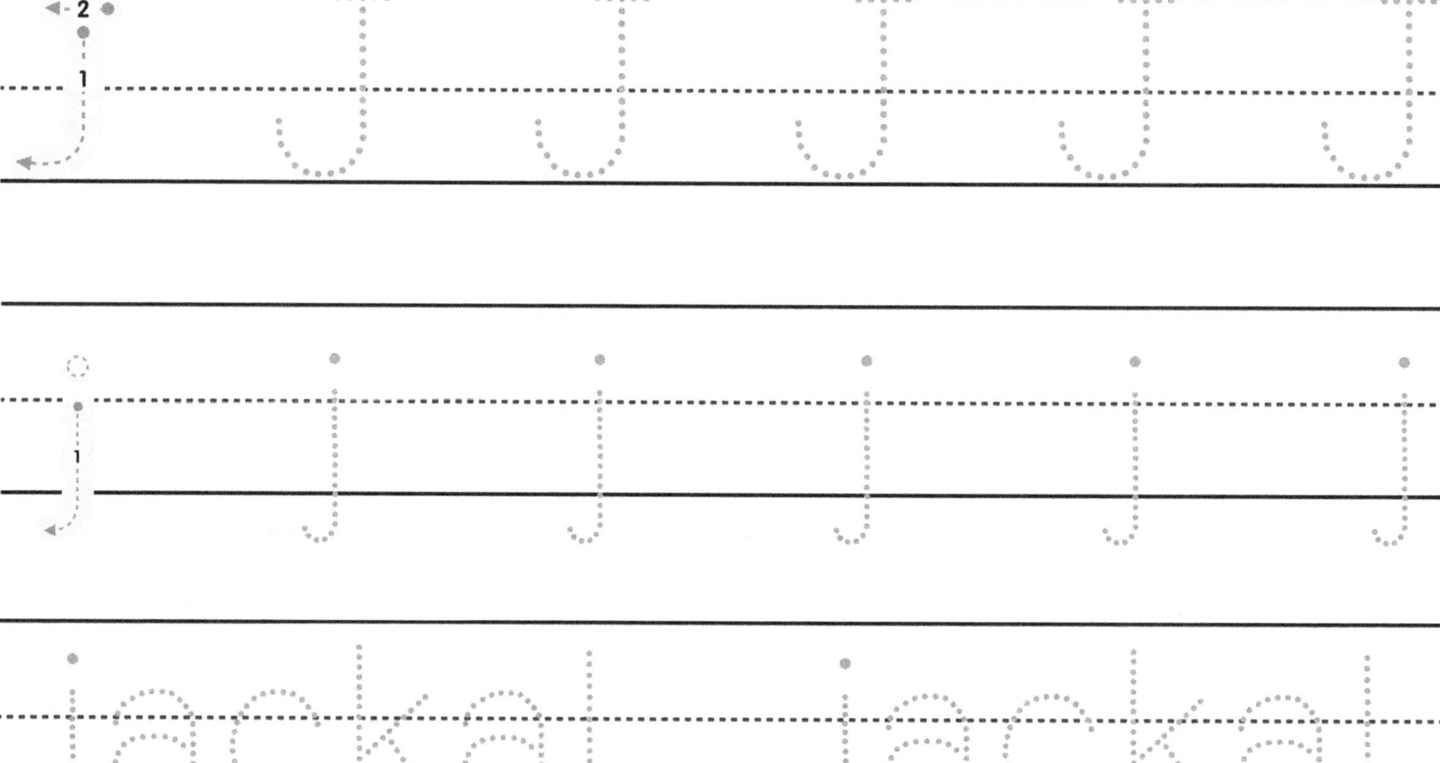

jackal   jackal

jackal   jackal

jackal   jackal

K is for

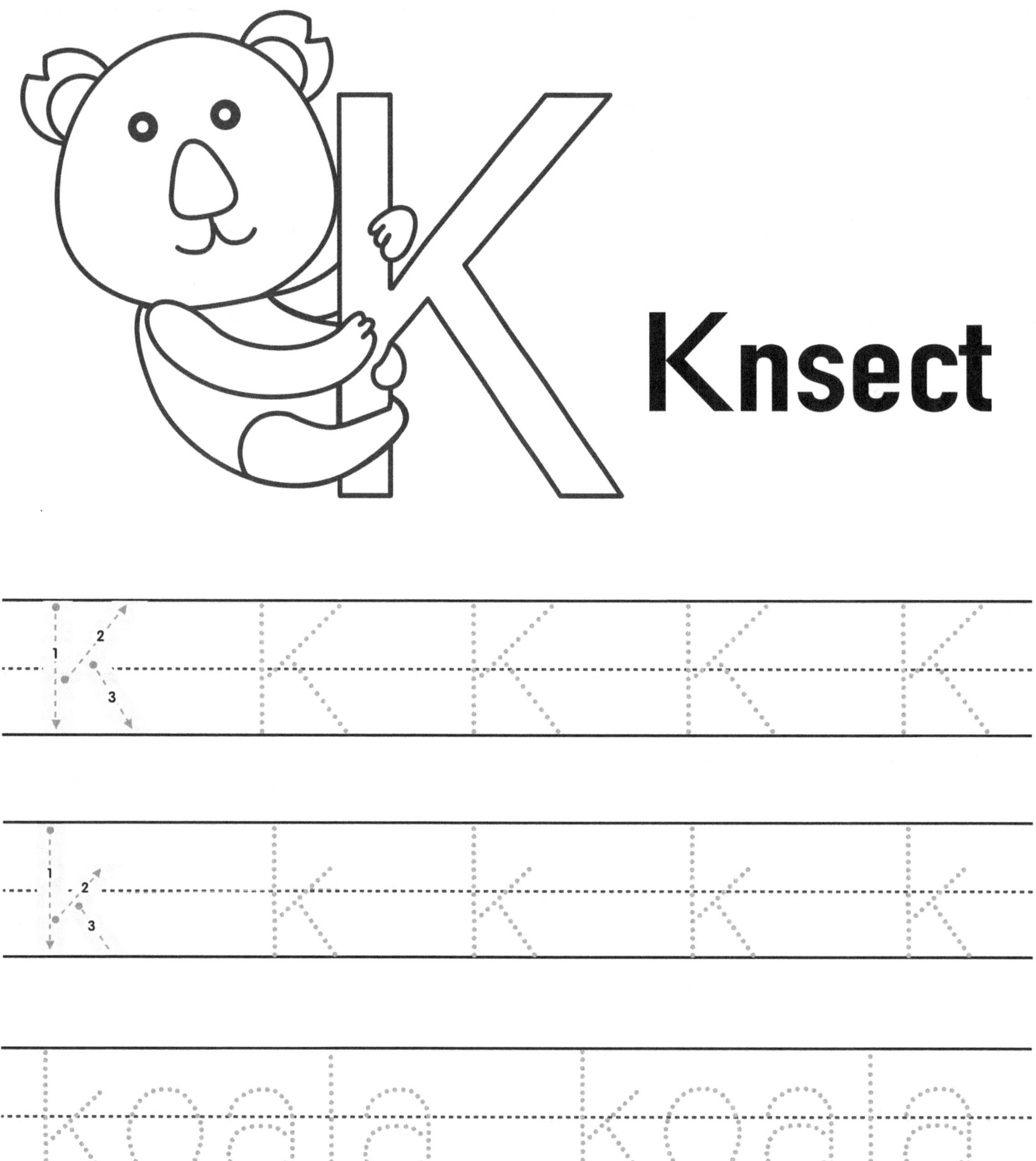

Knsect

koala koala

koala koala

koala koala

koala koala

L is for

Lion

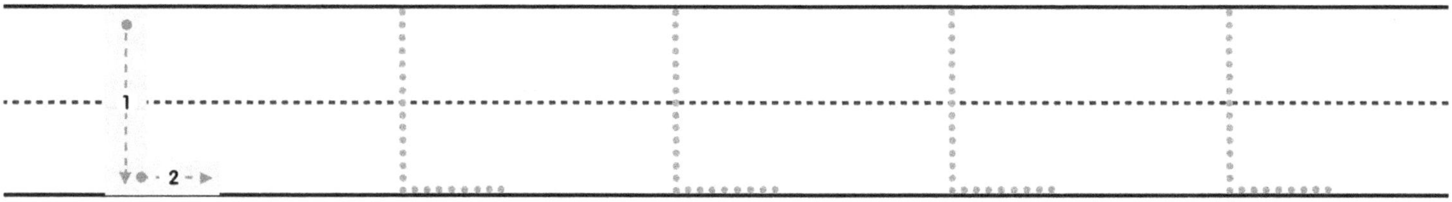

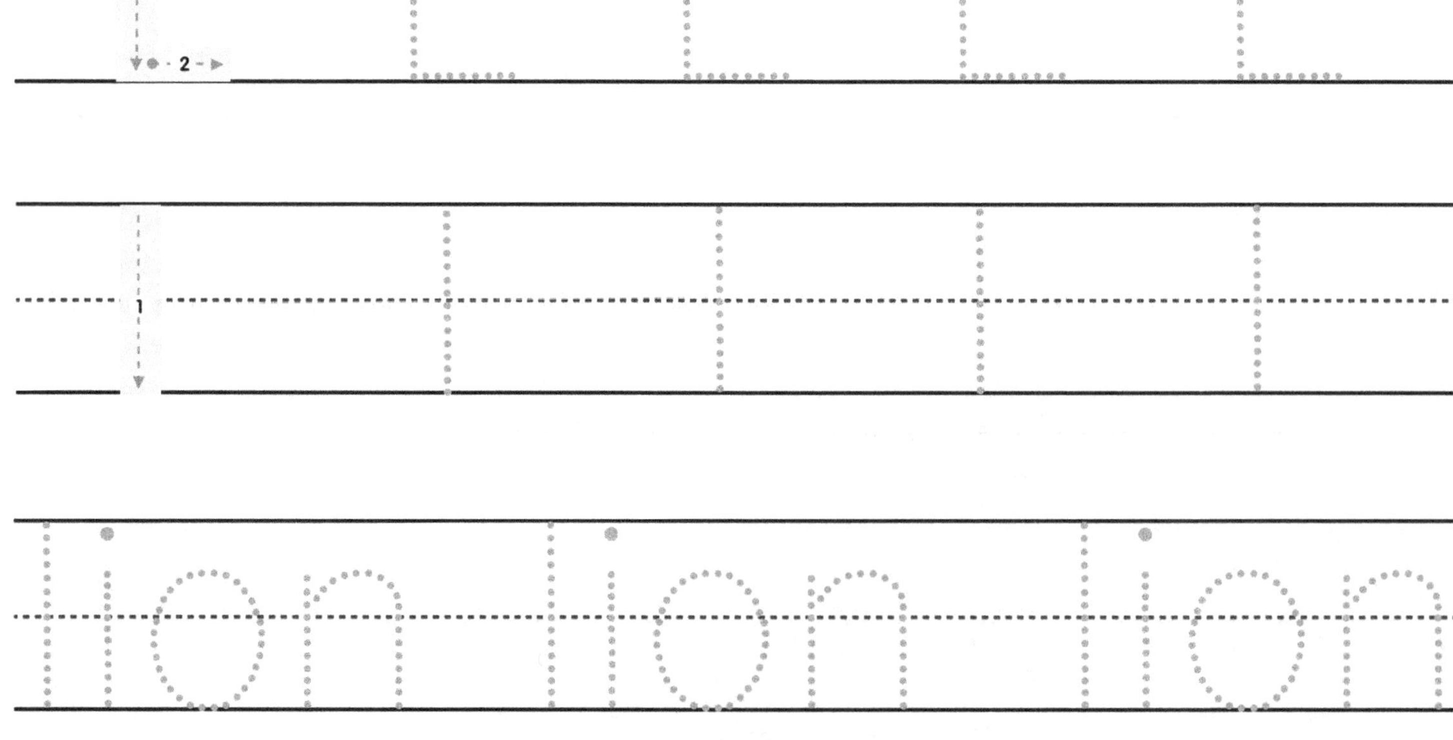

1
2

lion lion lion
lion lion lion
lion lion lion

M is for

Monkey

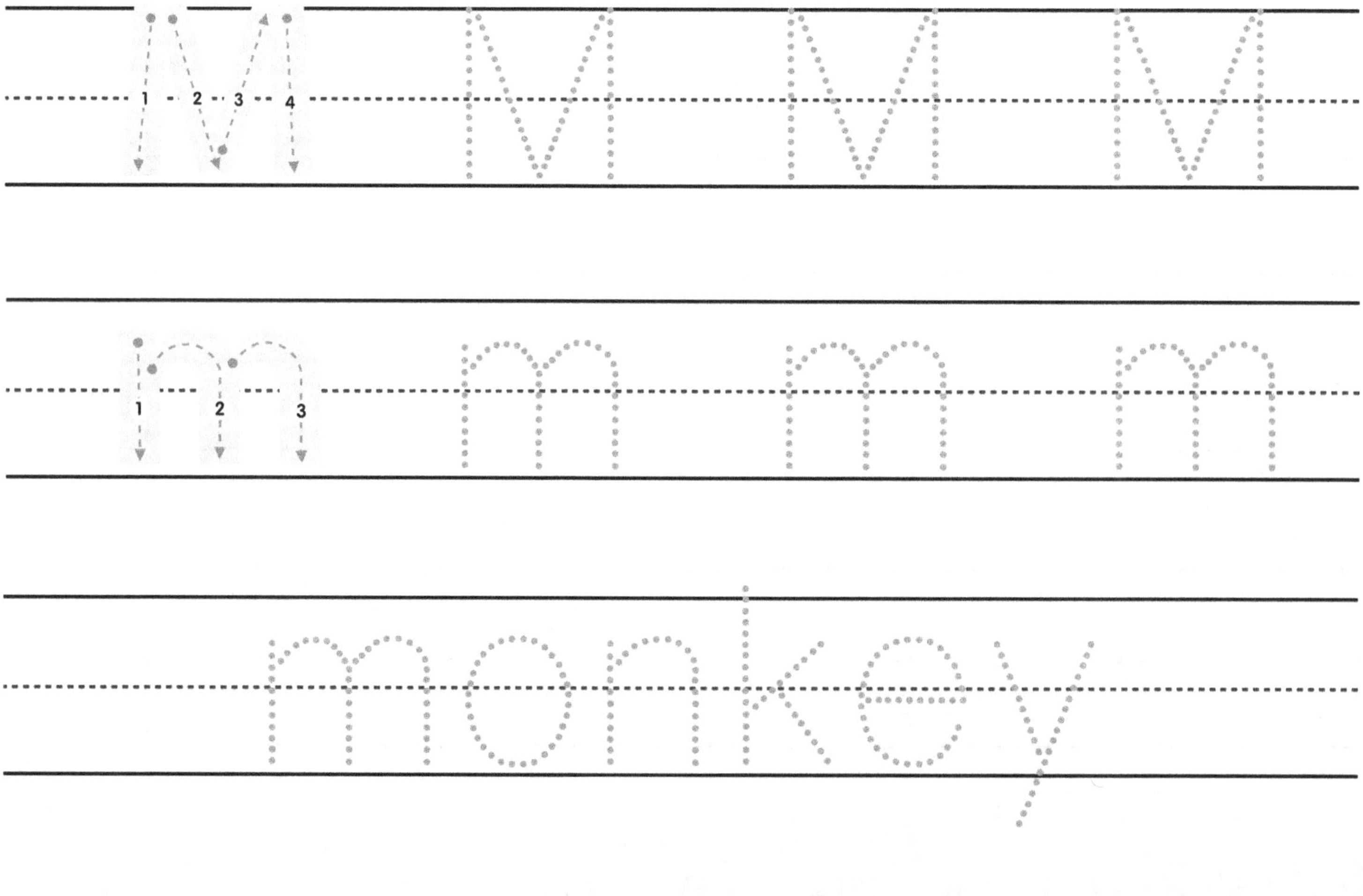

1 2 3 4

monkey
monkey
monkey

N is for

Newt

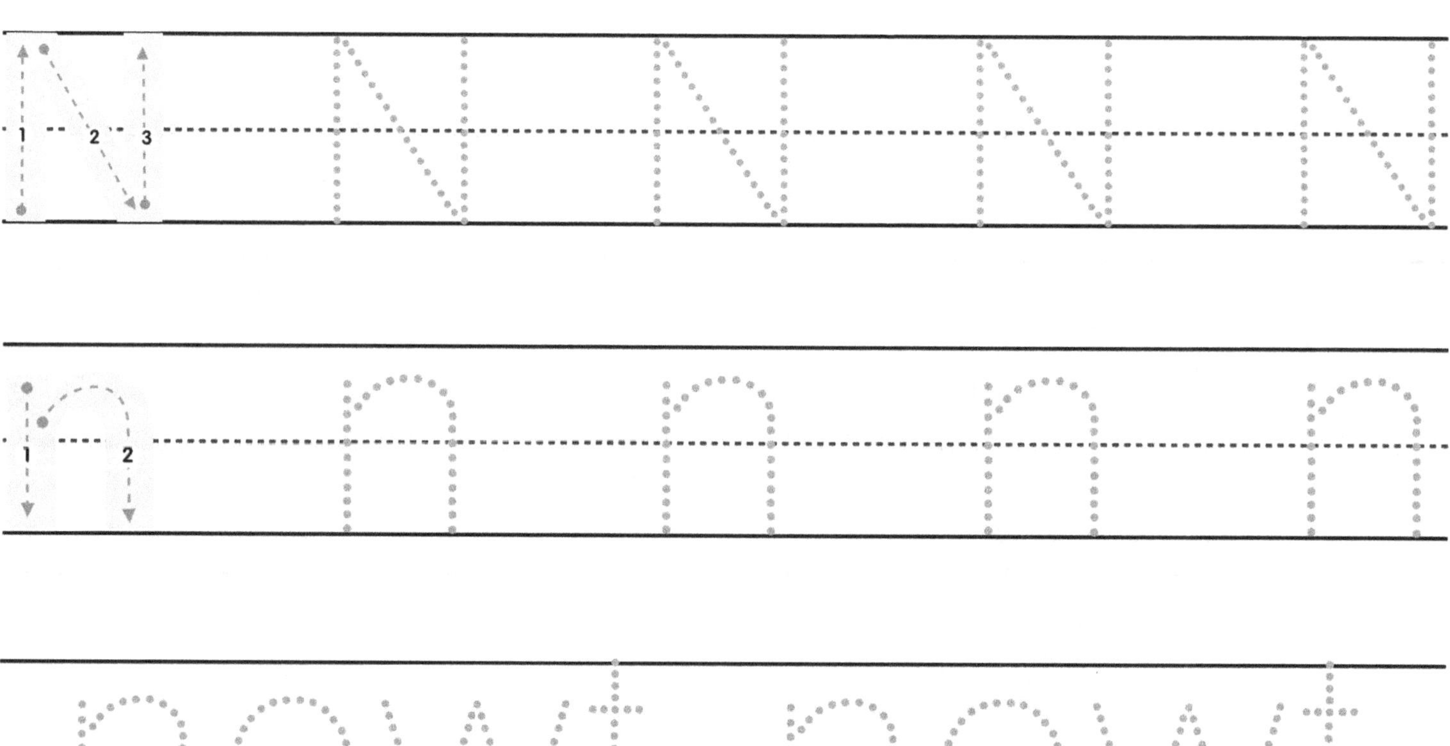

newt newt
newt newt
newt newt

O is for

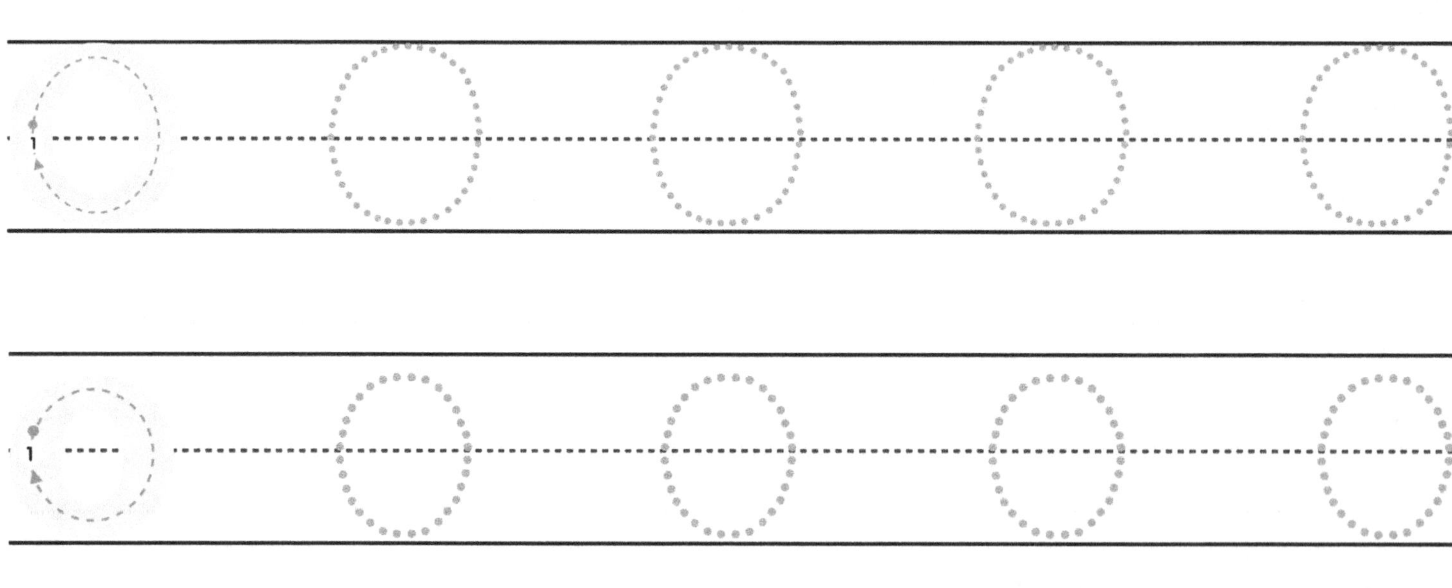

Octopus

octopus

octopus

octopus

P is for

Panda

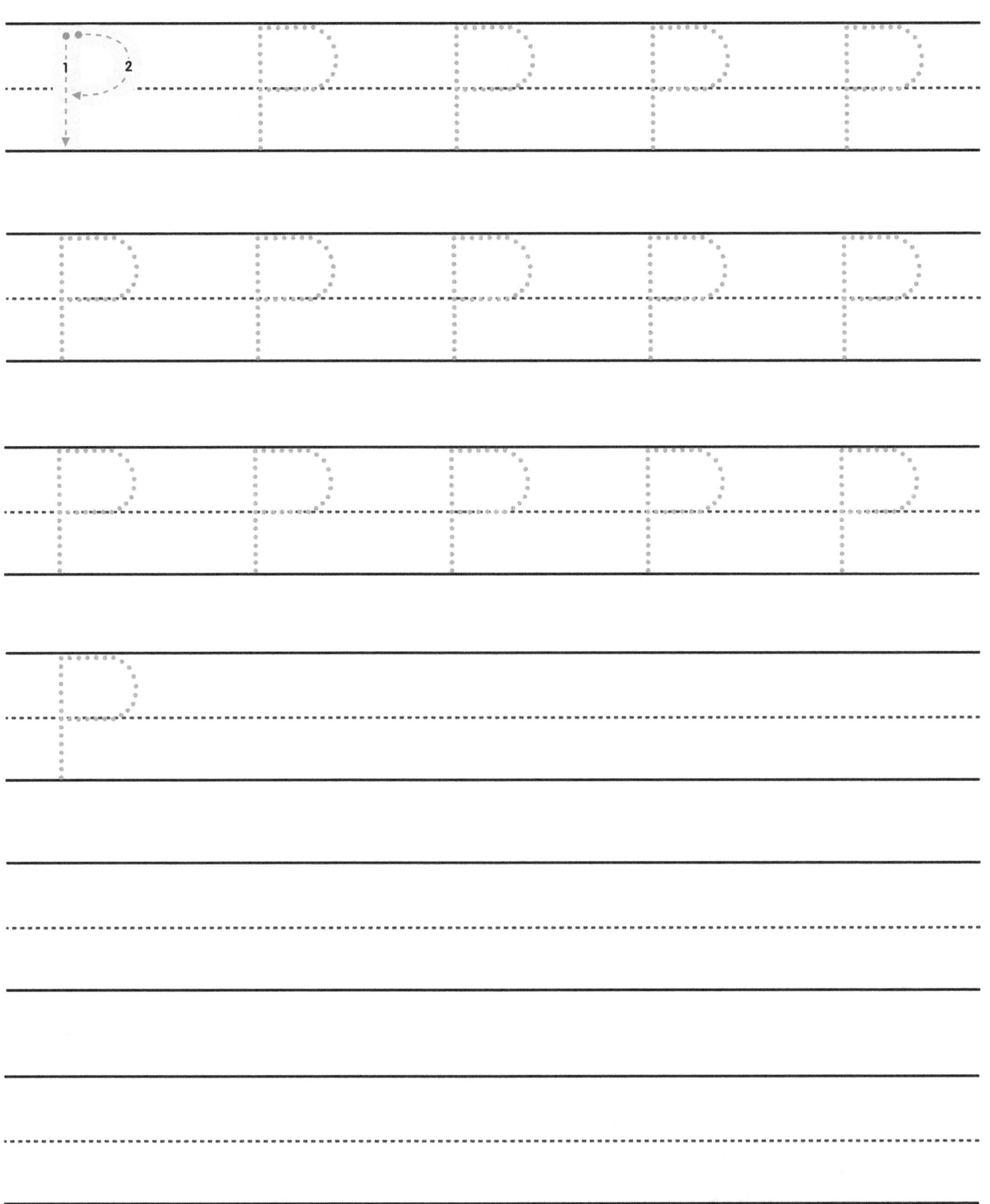

1   2

panda panda

panda panda

panda panda

Q is for

Quoll

quoit quoit

quoit quoit

quoit quoit

R is for

Rabbit

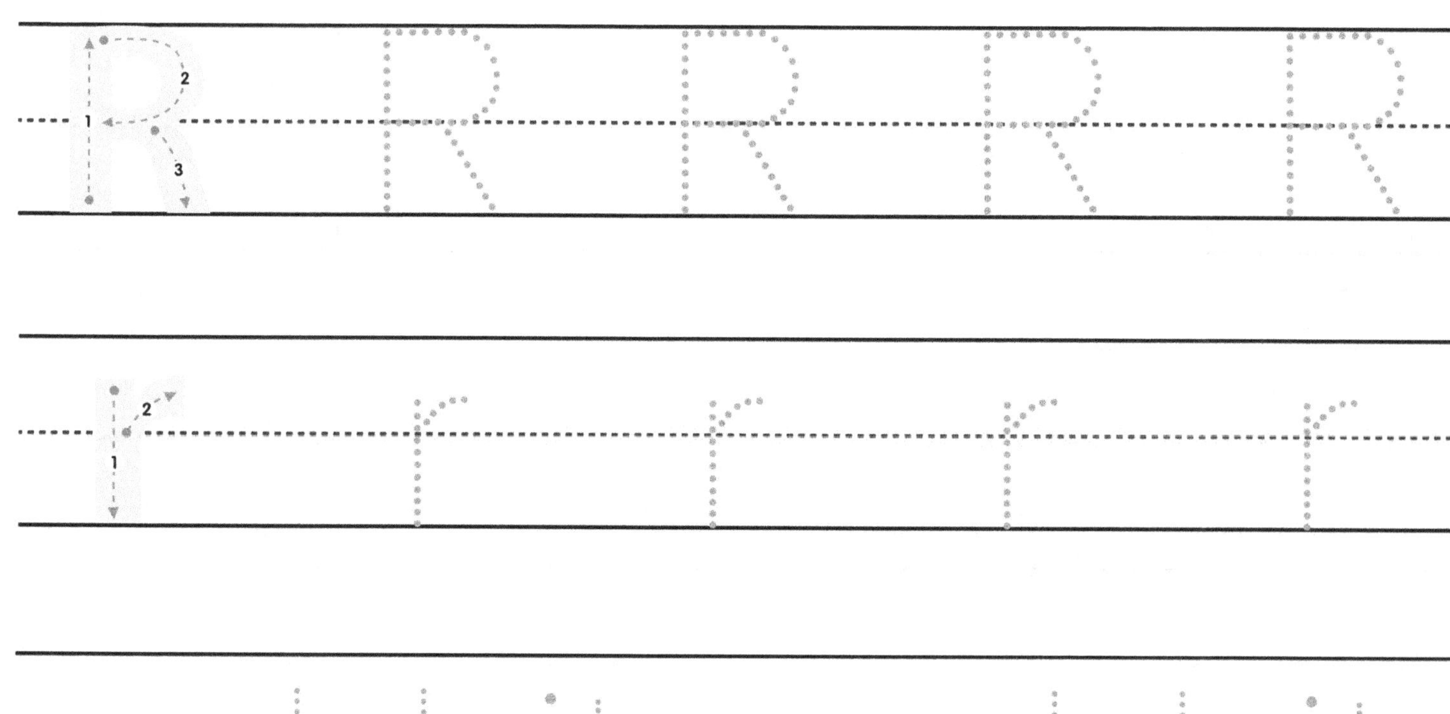

2

1

rabbit rabbit

rabbit rabbit

rabbit rabbit

S is for

Sloth

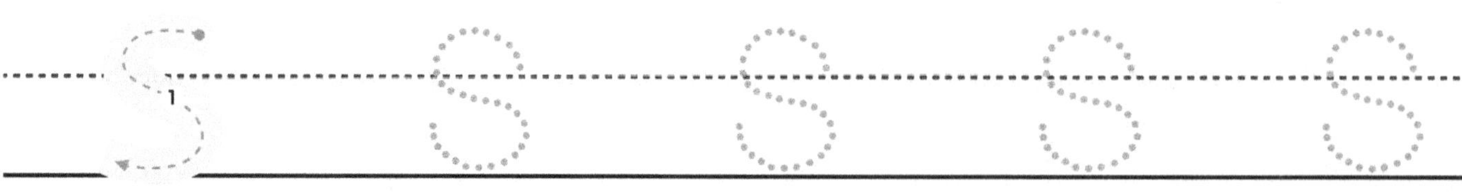

sloth   sloth

sloth   sloth

sloth   sloth

T is for

Tapir

1
2

tapir   tapir

tapir   tapir

tapir   tapir

U is for

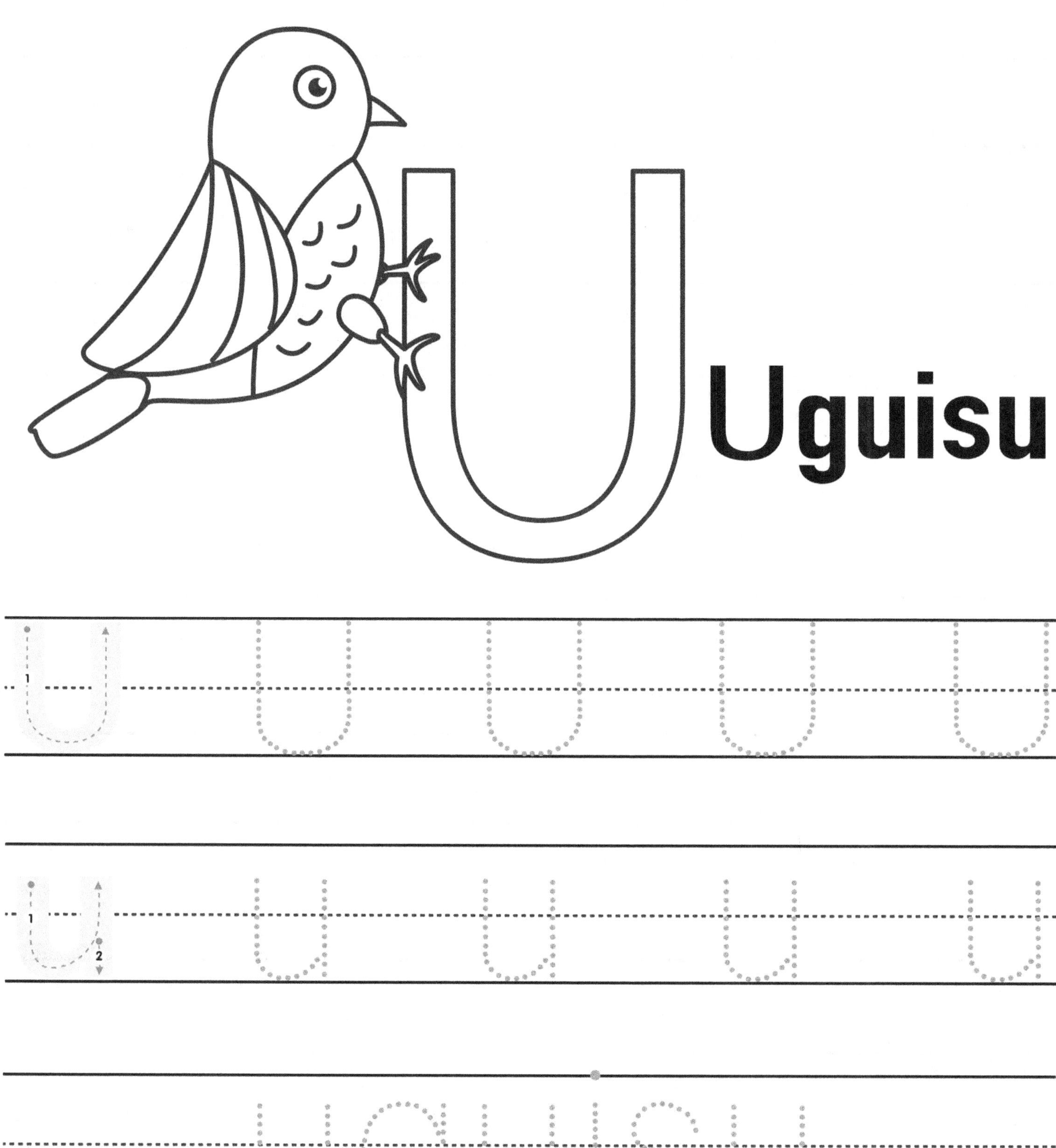

V is for

Vervet
monkey

vervet mokey

vervet mokey

vervet mokey

W is for

Worm

worm worm

worm worm

worm worm

X is for

Xerus

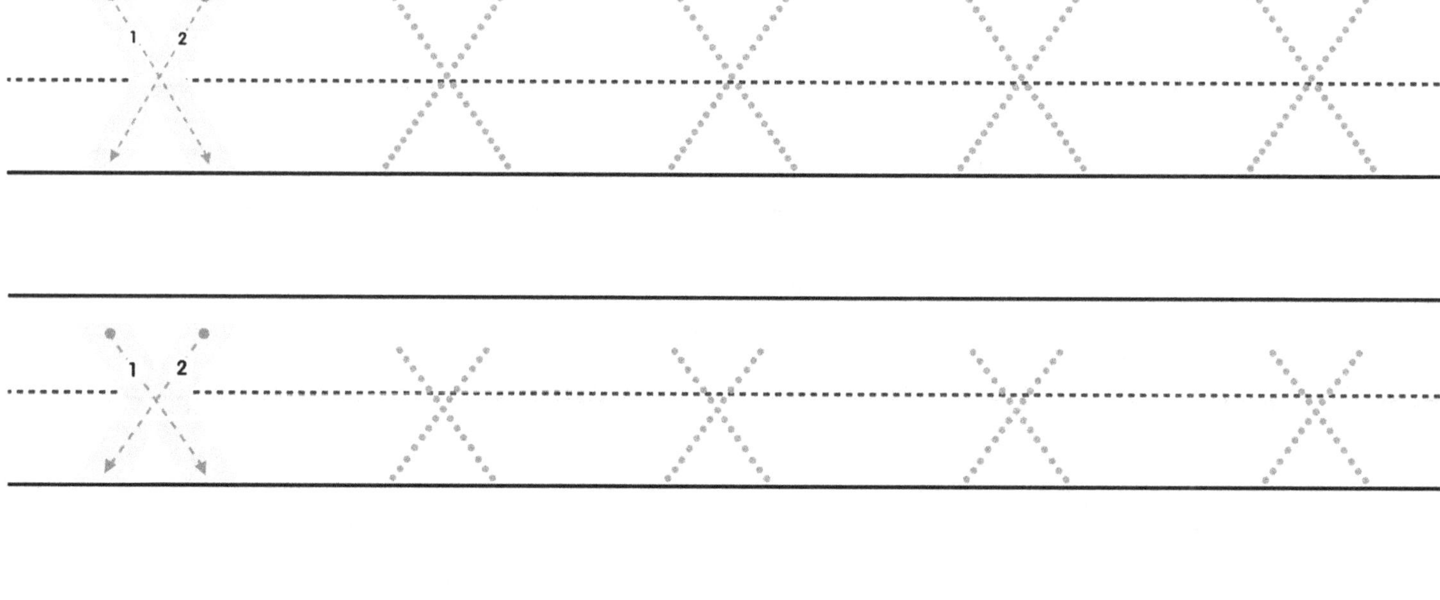

xerus xerus

xerus xerus

xerus xerus

Y is for

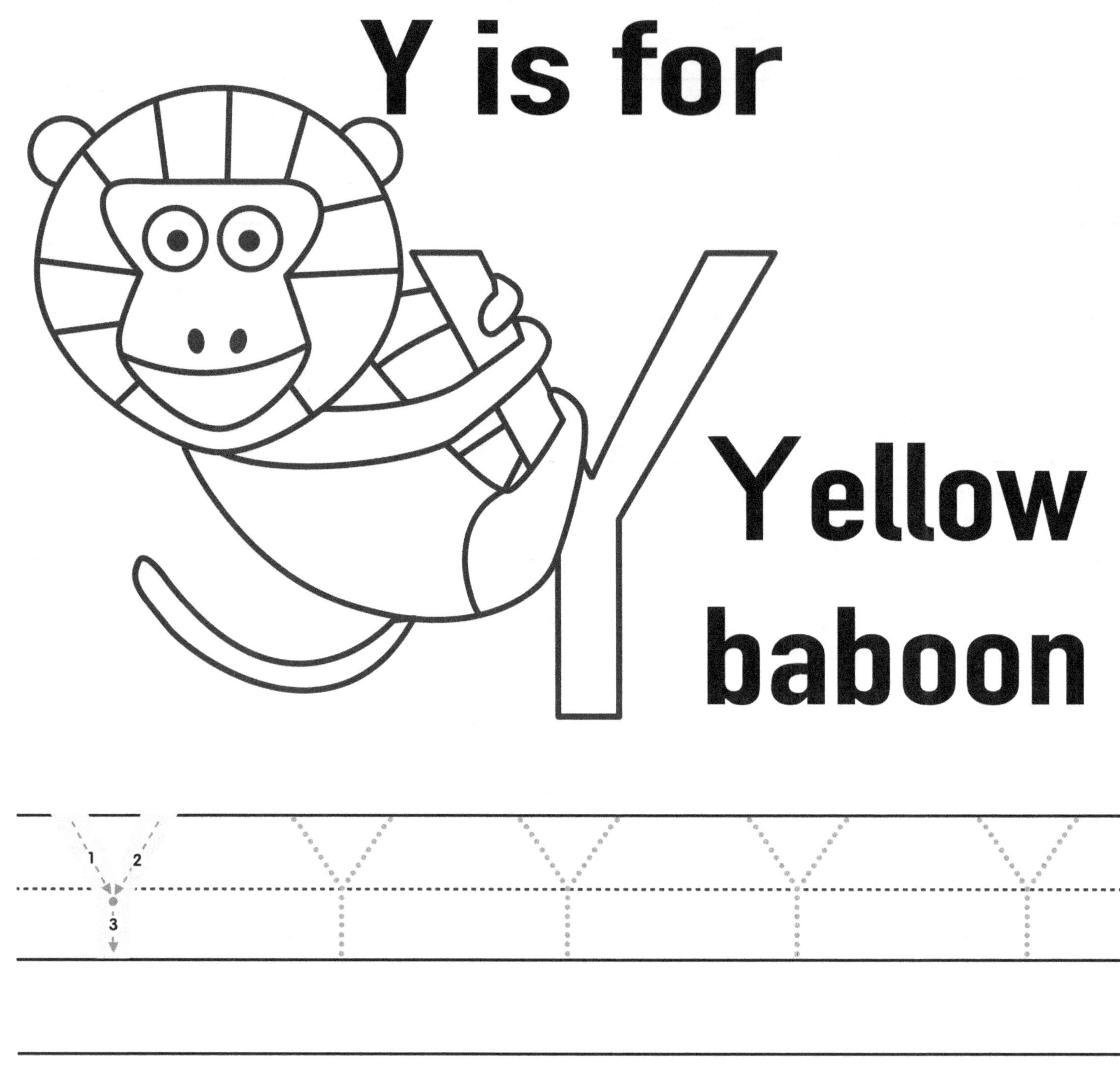

Yellow baboon

1 2

yellow baboon

yellow baboon

yellow baboon

Z is for

Zebu

1

2

3

1
2
3